고래 vs 대왕오징어
또 하나의 대결 범고래 vs 백상아리

이해 쏙쏙! 코너 일러두기
핵심 정보: 꼭 알아야 하는 동물 필수 정보를 담았어요.
기본기 다지기: 동물 정보를 익히려면 알아 두어야 하는 기초 지식을 배워요.
놀라운 사실!: 동물의 놀라운 크기, 무게, 능력 등을 소개해요.
요건 몰랐지?: 이것까지 알면 동물 천재! 동물 척척박사가 되는 정보를 알려 주어요.
깜짝 질문: 동물 공부가 더 재밌어지는 기상천외한 질문이 등장해요.

제리 팔로타 글 · 롭 볼스터 그림 | 김아림 옮김

고래

VS

대왕오징어

비룡소

상상 초월 숨 막히는 대결.
깊은 바닷속 최강자를 가려라!

고래와 대왕오징어가 온몸을 휘감아 싸우고 있어.
고래와 대왕오징어는 둘 다 다른 동물을 잡아먹는 육식 동물이거든.
둘이 싸우면 어떻게 될까? 으아악, 떨려. 누가 이길 것 같니?

거대한 입으로 꽉!
바다의 최고 포식자

이름: 고래
분류: 포유류
사는 곳: 전 세계 큰 바다
몸무게: 50~125,000킬로그램까지 종류별, 크기별로 다양함.
공격 기술: 거대한 머리로 박치기, 이빨로 꽉 물기 등
먹잇감: 물고기, 오징어, 가오리, 문어, 대왕오징어 등

고래

8	향고래 선수 등장!
12	새끼를 낳아 기르는 포유류
14	몸집에 비해 작은 눈
16	아래턱에 줄지어 난 이빨
18	양옆으로 뻗은 꼬리지느러미
20	고래에 관한 슬픈 사실
22	바다의 최고 사냥꾼
24	향고래의 수영 실력 / 향고래의 잠수 능력
26	고래의 사냥 노하우, 반향정위
28	소설과 영화 속 고래
30	최강 동물 대결!

동물 소개 · 차례

무시무시한 전설의 주인공
깊은 바닷속 괴물

이름: 대왕오징어
분류: 연체동물
사는 곳: 전 세계 큰 바다
몸무게: 200킬로그램 정도
공격 기술: 조르기, 빨판과 갈고리로 할퀴기 등
먹잇감: 물고기, 새우, 다른 오징어 등

대왕오징어

- 대왕오징어 선수 등장! ……… 10
- 몸에 단단한 뼈가 없는 연체동물 ……… 13
- 크고 부리부리한 눈 ……… 15
- 뾰족하고 날카로운 입 ……… 17
- 획획 방향을 바꿔 주는 지느러미 ……… 19
- 만약 대왕오징어를 잡는다면? ……… 21
- 기다란 다리로 덥썩! ……… 23
- 대왕오징어의 스피드 / 대왕오징어의 잠수 능력? ……… 25
- 대왕오징어의 고성능 방패, 먹물 ……… 27
- 전설의 주인공, 대왕오징어 ……… 29
- 누가 더 유리할까? ……… 36

향고래 선수 등장!

향고래의 학명은 '피세테르 마크로케팔루스'야. 학명은 전 세계 생물학 분야에서 공통으로 쓰이는 동식물의 이름이란다. 그럼, 첫 번째 선수인 향고래를 자세히 들여다볼까?

놀라운 사실!
향고래가 다 자라면 몸길이가 최대 18미터, 몸무게는 약 50,000킬로그램 정도 돼. 머리 길이는 약 6미터나 된다고!

고래는 입속에 수염이 난 수염고래류와 이빨이 난 이빨고래류로 나뉘어. 대개 수염고래류가 몸집이 크고 이빨고래류는 비교적 몸집이 작지. 하지만 향고래는 이빨고래류면서 몸집이 매우 크단다. 이빨은 아래턱에만 삐죽삐죽 나 있어.

향고래는 머리가 아주 커. 그래서 학명도 '머리가 크고 공기를 내뿜는다'는 뜻으로 지어진 거래. 지금껏 지구에 살았던 동물들 가운데 가장 머리가 크다지! 향고래는 분기공으로 물이나 공기가 드나들어 숨을 쉬어. 분기공은 머리 앞쪽에 있단다.

요건 몰랐지?
고래는 피가 붉은색이야.

놀라운 사실!
지구상에서 가장 몸집이 큰 동물은 대왕고래야. 몸길이가 최대 33미터나 돼.

대왕오징어 선수 등장!

대왕오징어의 학명은 '아르키제우시스 둑스'야. '지배하다'라는 뜻을 갖고 있지. 이제 향고래와 맞설 두 번째 선수, 대왕오징어를 만나 보자.

핵심 정보
오징어는 문어, 앵무조개, 낙지와 같이 두족류에 속해.

깜짝 질문
이탈리아 요리를 파는 식당에서 '칼라마리'라는 요리를 본 적 있니? 이탈리아식 오징어튀김이야.

대왕오징어는 몸이 연하고 무른 연체동물 가운데 두족류에 속해. 두족류란 머리에 다리 또는 팔이 붙은 동물 부류라는 뜻이야. 오징어의 경우 몸통 아래에 머리가, 그 아래에 다리가 이어져 있지. 오징어의 다리는 총 10개야. 그중에 긴 두 개는 촉완이라고 해. 촉완은 다른 동물을 사냥하거나 먹을 때 마치 손처럼 자유롭게 사용해 대왕오징어는 몸길이가 약 18미터, 몸무게는 200킬로그램 정도 돼. 하지만 바닷가로 밀려온 대부분의 대왕오징어는 6~9미터 정도야. 키 큰 어른보다도 서너 배는 더 큰 거야.

놀라운 사실!
오징어 종류 중에서 가장 몸집이 큰 것은 대왕오징어와 남극하트지느러미오징어야.

대왕오징어는 몸에 물을 빨아들였다가 피식 내뿜으면서 앞으로 나아가. 이때 몸통에 난 지느러미로 방향을 휙휙 바꿀 수 있단다. 눈 주변에 있는 대왕오징어의 뇌는 크기가 작고 가운데가 뚫린 도넛 모양이야.

새끼를 낳아 기르는 포유류

고래는 포유류에 속해. 지금 책을 읽고 있는 너, 그러니까 사람도 포유류야. 그리고 아래에 소개하는 동물들도 모두 포유류지. 한번 볼까?

돌고래

원숭이

기본기 다지기
포유류는 몸에 등뼈가 있고, 새끼를 낳아 젖을 먹여 키우는 동물이야. 털이나 가죽이 있고, 체온이 일정하지.

캥거루

개

쥐

요건 몰랐지?
향고래는 지금까지 지구에서 살았던 동물 중에서 가장 뇌가 커.

몸에 단단한 뼈가 없는 연체동물

앞에서 말했듯이 오징어는 연체동물에 속해. 연체동물은 모두 바다에 살까? 아니야! 다른 연체동물도 만나 보자.

홍합

문어

기본기 다지기
연체동물이란 몸에 단단한 뼈가 없고 부드러운 동물이라는 뜻! 뼈가 없는 대신 근육질의 발이 있어.

조개

달팽이

갑오징어

깜짝 질문
조개, 달팽이도 연체동물이 맞을까? 그래 맞아! 몸에 뼈가 없는 대신 몸을 보호해 주는 껍데기가 있어. 아참, 연체동물은 바다에 사는 종류가 많아. 전부 다 그런 건 아니지만!

몸집에 비해 작은 눈

향고래의 눈은 폭이 7센티미터 정도야. 에계!

놀라운 사실!
향고래는 바닷속 2200미터 아래까지 내려갈 수 있어. 이 정도 깊이의 물속에는 빛이 거의 닿지 않아 아주 캄캄해. 하지만 평소에는 500~950미터 깊이에서 헤엄치고 다닌단다.

크고 부리부리한 눈

사람의 눈알이 이 정도 크기라면,

대왕오징어의 눈알은 아래 그림 정도 될 거야. 전 세계 동물들 가운데 눈알이 가장 크거든. 거의 농구공만 할걸. 그래서 캄캄하고 깊은 바닷속에서도 다른 동물이 움직이는 것을 잘 알아차릴 수 있지.

아래턱에 줄지어 난 이빨

향고래는 아래턱에 기다란 이빨이 나 있어. 꼭 동물의 뿔처럼 생겼지. 그런데 위턱에는 이빨이 없고 움푹 패어 있어. 향고래가 입을 꾹 다물면 아래쪽의 이빨이 위턱의 구멍에 딱 맞게 맞물려.

핵심 정보
향고래는 아래턱 양쪽에 각각 20~25개의 이빨이 줄지어 나 있어.

요건 몰랐지?
향고래의 이빨이 몇 겹인지 세어 보면 나이를 알 수 있어.

깜짝 질문
이 미술 작품은 뭘로 만들었을까? 맞아! 고래의 이빨이야. 고래잡이 어부들은 고래의 이빨이나 뼈에 이렇게 그림을 새기기도 했대.

뾰족하고 날카로운 입

대왕오징어의 다리를 들추어 안쪽을 들여다보면 입이 있어. 꼭 앵무새 부리처럼 생겼지. 이빨은 없어. 대왕오징어는 빨판처럼 생긴 흡반과 갈고리가 달린 촉완으로 먹잇감을 붙들어 입에 쏙 넣어.

요건 몰랐지?

대왕오징어의 입 끄트머리는 단단하고 억세. 하지만 입 안쪽은 무르지. 입안에 있는 혀에는 단단하고 오돌토돌한 치설이 있어서 먹잇감을 잘게 부숴 줘.

대왕오징어의 입은 '키틴'이라는 성분으로 이루어져 있어. 키틴이 뭐냐고? 우리의 손톱을 이루는 성분과 비슷하다고 생각하면 좀 쉬울 거야.

양옆으로 뻗은 꼬리지느러미

향고래의 꼬리지느러미는 폭이 최대 4.8미터나 돼. 꼬리뼈를 중심으로 양쪽으로 길게 뻗어 있어.

요건 몰랐지?
고래의 꼬리지느러미는 마치 날개처럼 생겼어.

놀라운 사실!
꼬리지느러미 폭이 4.8미터라니 정말 대단하군. 부모님 침대를 길게 두 개 이어 붙인 것보다 더 길다니까.

다른 고래들의 꼬리지느러미 생김새

대왕고래

혹등고래

정어리고래

긴수염고래

휙휙 방향을 바꿔 주는 지느러미

대왕오징어의 몸통은 거대한 소시지처럼 둥글고 길어. 몸통 끝에는 지느러미가 있단다. 이 지느러미로 헤엄치는 방향을 조절해. 심지어 뒤로도 갈 수 있지.

놀라운 사실!
어떤 사람은 대왕오징어가 물 밖으로 피융 솟아오른 걸 봤대. 로켓처럼 말이야!

요건 몰랐지?
오징어는 심장이 3개야.
콩닥 콩닥 콩닥!
💙💙💙

깜짝 질문
오징어는 헤엄치는 방향을 바꿀 때 지느러미 말고 다른 기관을 쓰기도 해. 그게 뭘까? 바로 다리야! 또 급할 때 몸에 머금고 있던 물을 내뿜어 휙 나아가지.

고래에 관한 슬픈 사실

석유가 발견되기 전에는 향고래에서 짠 기름을 등불을 밝히는 데나, 기계가 닳지 않고 부드럽게 움직이도록 윤활유로 썼어. 1600년대 이후부터 지금까지 약 60만 마리의 향고래가 죽임을 당했단다.

기본기 다지기

향고래 한 마리의 머리에서는 약 950~1270리터의 기름이 나와.

요건 몰랐지?

기름을 얻으려고 고래를 죽이기 시작한 것은 1690년대부터였어. 그러다가 1700년대 이후에 더 활발하게 고래잡이가 이루어졌어.

아래 그림을 봐. 배가 고래잡이를 위해 미국의 낸터킷섬을 떠나고 있어. 낸터킷섬은 세계에서 고래잡이배들이 가장 많이 모이는 항구였지. 고래잡이를 나선 배는 4년쯤 뒤에 돌아왔어. 고래잡이는 가난한 사람들도 부자가 될 수 있는 기회였단다.

퍽! 선원들이 작살로 고래를 맞혔어. 이제 선원들은 고래가 힘이 빠질 때까지 작살에 이어진 줄을 잡고 한참 끌려가야 해. 이 과정을 '낸터킷 썰매타기'라고 하지.

만약 대왕오징어를 잡는다면?

대왕오징어를 눈으로 확인하기란 아주 어려운 일이야. 전 세계에서 대왕오징어가 전시된 박물관이나 수족관은 열 곳을 조금 넘는 수준이지. 만약 누군가 대왕오징어를 산 채로 잡았다면? 도대체 얼마에 팔릴까?

1,000,000달러쯤?

★백만 달러, 우리 돈 13억 5천만 원 정도.

오랫동안 세계 여러 나라의 과학자들이 대왕오징어 탐사에 나섰지만 대왕오징어는 좀처럼 나타나 주지 않았어. 살아 있는 대왕오징어를 처음으로 촬영한 것은 2004년에 태평양에서였단다.

바다의 최고 사냥꾼

향고래는 대왕오징어, 오징어, 가오리, 문어, 물고기 등을 잡아먹어.

대왕오징어

오징어

가오리

문어

물고기

핵심 정보
고래는 물속에서 커다랗게 딸깍 소리를 내. 몇몇 과학자들은 고래가 먹잇감을 혼란시키기 위해 이런 소리를 낸다고 주장해.

요건 몰랐지?
향고래 수컷의 배설물은 향수의 재료로 쓰여.

기다란 다리로 덥썩!

대왕오징어는 물고기, 새우, 다른 오징어 등을 잡아먹어. 사냥할 때에는 기다란 다리로 먹잇감을 꽉 움켜쥔단다. 특히 촉완 끝에 갈고리 모양의 바늘이 돋아 있어서 한번 잡은 먹잇감을 놓치지 않지.

요건 몰랐지?
대왕오징어의 촉완은 아주 길어서 최대 10미터 떨어진 곳에 있는 먹잇감도 낚아챌 수 있어.

촉완을 확대한 모습

놀라운 사실!
대왕오징어의 피는 파란색이야.

향고래의 수영 실력

향고래는 한 시간에 최대 40킬로미터를 헤엄칠 수 있어.

최고 속도 40

놀라운 사실!
물고기 중에서 가장 빨리 헤엄치는 것은 바로 돛새치야. 약 시속 110킬로미터로 헤엄치지.

놀라운 사실!
까치돌고래는 시속 55킬로미터로 헤엄칠 수 있다고!

향고래의 잠수 능력

향고래는 바닷속 약 2200미터까지 들어갈 수 있어.

2200미터
(2.2킬로미터)

핵심 정보
향고래는 한 번에 약 한 시간 정도 물속에 머물러. 최대 두 시간도 잠수할 수 있단다.

향고래

롯데월드타워
(555미터)

바다 밑바닥

대왕오징어의 스피드

대왕오징어는 한 시간에 최대 32킬로미터를 헤엄칠 수 있어.

바다 밑바닥

해구*

대왕오징어의 잠수 능력?

대왕오징어가 얼마나 물속 깊이 내려갈 수 있는지는 정확하게 밝혀지지 않았어. 고래보다 깊은 곳까지 갈 수 있다는 사실만 알지. 대왕오징어가 잠수 실력만 뛰어나냐고? 아니야. 고래보다 몸도 더 날렵하지. 헤엄쳐 가다가도 갑자기 방향을 바꾸거나 정반대로 거슬러 갈 수 있다니까!

핵심 정보
대왕오징어는 아가미로 숨을 쉬어. 그러니까 공기를 들이마시러 물 위로 올라가지 않아도 돼.

*해구: 바다 밑바닥에서 움푹 들어간 지형.

고래의 사냥 노하우, 반향정위

깊고 캄캄한 바닷속, 고래는 소리로 신호를 보낸 다음 사물에 부딪혀 되돌아오는 진동을 느껴서 나아갈 길을 찾아. 이 신호로 먹잇감을 알아채기도 하지. 듣는 감각이 예민한 편은 아니지만 그나마 운이 좋아. 대왕오징어는 아예 소리를 못 듣거든.

기본기 다지기

동물이 낸 소리가 어딘가에 부딪혀 되돌아오는 파장을 느끼고 위치를 파악하는 걸 '반향정위'라고 해. 고래가 먹잇감을 찾는 비결이야.

요건 몰랐지?

일부 동물들은 소리의 파장을 느껴서 사물의 위치를 파악해. 고래는 물론, 박쥐, 뾰족뒤쥐, 그리고 몇몇 새들이 소리의 파장을 느끼는 기관을 지니고 있지. 잠수함에서도 이런 장비를 사용해.

깊은 바닷속은 아직 우리에게 궁금한 것투성이야. 과학자들은 왜 향고래의 위턱에 이빨이 없는지 알아내지 못했어. 또 대왕오징어가 얼마나 많은 다른 동물을 잡아먹는지도 모르고 말이야.

대왕오징어의 고성능 방패, 먹물

대왕오징어가 얼마나 오래 사는가는 오랫동안 풀지 못한 수수께끼야. 몇몇 과학자들은 평균 수명이 3년 정도라고 주장해.

핵심 정보
오징어는 자기를 공격하는 동물에게 검은 먹물을 쏴서 방어해.

깜짝 질문
오징어 먹물로 만든 대표 요리는? 바로 오징어먹물파스타! 아직 안 먹어 봤다면 잘 기억해. 음식을 입에 넣는 즉시 웃지 말 것!

깊은 바닷속에 사는 대왕오징어는 비밀이 아주 많아. 주로 어디에서 서식하는지, 전 세계에 몇 마리가 사는지 정확하게 밝혀내지 못했지만 대개 차갑고 깊은 바닷속에서 나타나는 건 알고 있지. 대왕오징어를 산 채로 잡기 어려운 이유도 알려지지 않았단다.

요건 몰랐지?
오징어는 전부 다 바다에 살아. 그러니까 강에서 오징어를 찾지 말라고!

소설과 영화 속 고래

『모비 딕』이라는 미국 소설은 고래잡이배의 모험에 대한 내용이야. 이 소설에 나오는 에이허브 선장은 향고래를 잡으러 바다에 나갔다가 다리를 잃고 말았단다. 선장은 복수를 꿈꿨지만 고래의 공격을 받아 배가 침몰되었지.

요건 몰랐지?
『모비 딕』 이야기는 영화로도 만들어져 큰 인기를 얻었어.

『모비 딕』은 실제로 낸터킷섬 고래잡이배가 겪은 사건으로 지어졌어. 고래가 등장하는 세계적인 이야기가 또 있지. 바로 『피노키오』야.

전설의 주인공, 대왕오징어

지난 수백 년 동안, 전 세계의 뱃사람들은 대왕오징어를 두려워했어. 깊은 바닷속에서 튀어나온 대왕오징어가 배 한 척을 꿀꺽 삼켰다는 전설이 있거든.

1869년 지어진 고전 과학 소설

해저 2만 리

괴물은 있다, 괴물은 없다?
미지의 바다에서 출몰하는 괴생명체의 정체

쥘 베른 지음

프랑스의 과학 소설가 쥘 베른은 대왕오징어가 잠수함을 공격하는 이야기로 책을 썼어. 책의 제목은 『해저 2만 리』야. 어쩐지 으스스하지 않아?

최강 동물 대결!

조용! 향고래가 바닷속으로 들어가고 있어. 먹이를 찾는 거야. 맛 좋은 먹잇감을 찾으려고 소리를 내보내고 있군. 작은 물고기 몇 마리를 찾았지만 만족할 수 없지. 큼직한 오징어 정도는 찾아야 사냥을 끝내려나 봐.

그런데 저기, 대왕오징어야! 과연 향고래가 가까이 다가갈까?

대왕오징어가 바다 위쪽으로 올라가고 있어. 얕은 바다에는 먹잇감이 많거든.
대왕오징어의 먹잇감이 되는 물고기와 오징어는 바다 밑 60미터 깊이에서 살아간단다.

앗! 향고래가 바다 밑에서 올라오는
대왕오징어를 알아챘어.
조심조심, 조용히, 조용히 더 아래로
내려가고 있어.

어쩌면 좋아! 대왕오징어는 아직 향고래를 못 봤나 봐. 향고래는 반향정위로 대왕오징어의 정확한 위치를 파악했지. 그리고 향고래가 잽싸게 대왕오징어의 다리 쪽으로 다가가서 꽉 물려는 순간….

피식! 으아악, 대왕오징어가 향고래의 머리에 먹물을 뿜고 달아났어.

이어지는 향고래의 추격. 대왕오징어는 향고래가 쫓아오는 걸 보고 맞서 싸우기로 결심했어. 해볼 만하다고 생각했나 봐. 기다란 촉완과 다리를 흐느적거리며 향고래의 몸통을 꽈악! 그러고는 흡반과 갈고리로 향고래를 할퀴었지.

대왕오징어는 향고래가 숨이 찰 때까지 꽉 붙잡아 두려고 안간힘을 썼어. 하지만 결국 이 전략은 실패하고 말았단다.

향고래가 몸을 비틀어 빠져나와 대왕오징어의 몸통을 와작 깨물었지 뭐야.
그리고 몇 번 더 공격! 으앗, 대왕오징어의 위기 상황이야!

향고래가 대왕오징어를 잡아먹을 생각에 신이 났나 봐. 움직임이 점점 더 가뿐해 보이는걸!

34

와우, 향고래의 승리!
하지만 온몸이 대왕오징어가 남긴 상처투성이잖아. 정말 힘든 싸움이었어.
오늘 만난 향고래와 대왕오징어의 대결에서는 향고래가 이겼어.
만약 네가 두 동물의 대결로 이야기를 짓는다면 누가 이기게 할래?

누가 더 유리할까?

아래 체크 리스트의 각 항목을 보고, 더 강한 동물에 체크(V) 표시해 봐!

향고래　　　　　　　　**대왕오징어**

☐	몸길이	☐
☐	몸무게	☐
☐	눈	☐
☐	입	☐
☐	지느러미	☐
☐	헤엄 속도	☐
☐	공격 기술	☐

★ **찾아보자!** 몸길이·몸무게 8~11쪽, 눈 14~15쪽, 입 16~17쪽, 지느러미 18~19쪽, 헤엄 속도 24~25쪽, 공격 기술 26~27쪽

핫, 분하다! 분명 이길 수 있을 것 같았는데….

제리 팔로타 글·롭 볼스터 그림 | 김아림 옮김

범고래

VS

백상아리

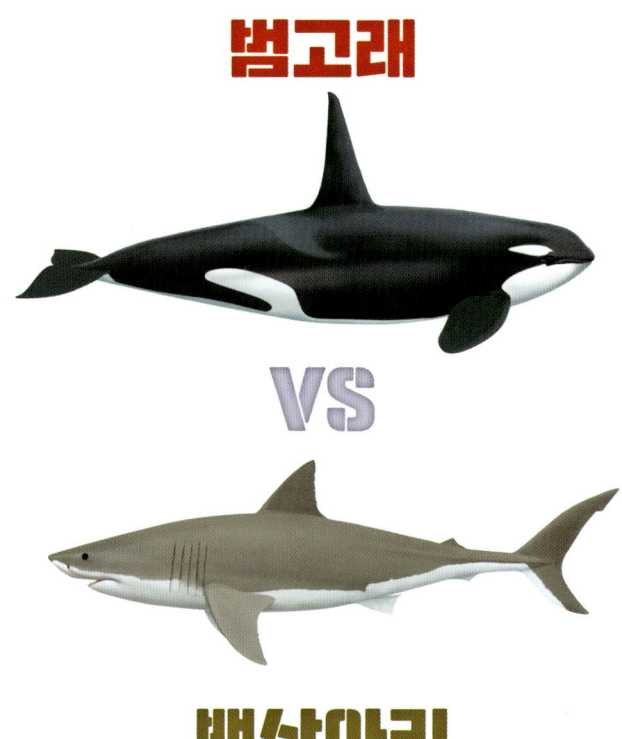

비룡소

**고래와 상어의 자존심을 건 대결.
살벌한 싸움의 승자는 누가 될 것인가!**

쏴아, 철썩! 드넓은 바다에서 들리는 파도 소리.
바다의 최고 사냥꾼 범고래와 백상아리가 나타났어. 두 동물이 대결을 펼친다면
어떻게 될까? 네 생각엔 누가 이길 것 같니?

죽음을 부르는
영리한 사냥꾼

이름: 범고래
분류: 포유류
사는 곳: 전 세계 큰 바다
공격 기술: 재빠르게 다가가 깨물기, 집단 공격
먹잇감: 바닷속 모든 동물, 바다표범과 펭귄 등

범고래

44	범고래 선수 등장!
46	창끝처럼 예리한 이빨
48	높게 솟아오른 등지느러미
50	잡히는 대로 꿀꺽!
52	범고래의 몸
54	로켓처럼 바다 위로 피융!
56	거대한 꼬리지느러미로 철썩!
58	똑똑한 위치 추적 능력
60	무리를 지어 돌격 앞으로!
62	철썩철썩 만능 수영 선수!

동물 소개 · 차례

S

무시무시한 이빨 공격
난폭함 끝판왕

이름: 백상아리
분류: 어류
사는 곳: 전 세계 큰 바다
공격 기술: 기회를 넘보다가 결정적인 순간 공격하기
먹잇감: 바닷속 모든 동물, 고래, 바다사자 등

백상아리

백상아리 선수 등장! ············ 45
톱니처럼 거친 이빨 ············ 47
암수의 모양이 비슷한 등지느러미 ············ 49
무시무시한 최강의 포식자! ············ 51
백상아리의 몸 ············ 53
총알처럼 빠르게 점프! ············ 55
꼬리지느러미를 흔들며 돌진! ············ 57
쿵쿵, 수상한 냄새 포착! ············ 59
나는야, 외로운 사냥꾼 ············ 61
천천히 헤엄치다가 순식간에 쌩! ············ 63

범고래 선수 등장!

팽팽한 대결의 주인공! 먼저 범고래를 만나 볼까? 범고래의 학명은 '오르키누스 오르카'야. '죽음을 부르는 자'라는 의미지. 범고래는 폐로 숨을 쉬어서 머리 꼭대기에 난 분기공으로 공기가 드나든단다. 물속에서는 숨을 참고 헤엄을 쳐.

핵심 정보
범고래는 바다에 사는 포유류야.

분기공

요건 몰랐지?
범고래 별명은 여러 가지가 있어. 블랙피시, 바다의 포식자, 바다의 늑대, 사냥꾼 고래. 너라면 어떤 별명을 지어 줄래?

백상아리 선수 등장!

범고래의 맞수, 백상아리의 학명은 '톱 이빨'이라는 뜻의 '카르카로돈 카르카리아스'야. 백상아리는 물속에서만 살 수 있어. 범고래랑 다르게 아가미로 호흡하거든.

핵심 정보
백상아리는 어류에 속해.

백상아리는 아가미구멍*이 5개나 있어. 다른 상어들도 5~7개의 아가미구멍이 있단다.

★**아가미구멍**: 아가미를 덮고 있는 뚜껑 뒤쪽에 열린 구멍.

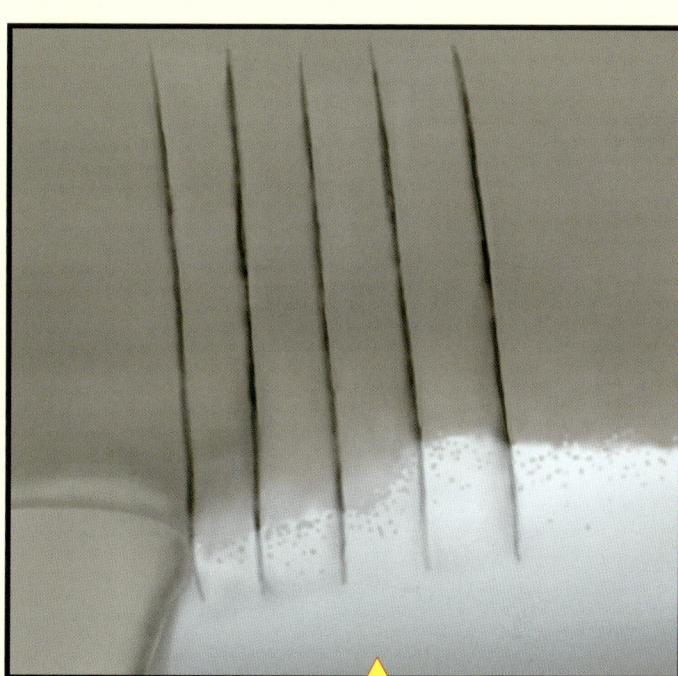

요건 몰랐지?
백상아리도 만만치 않은 별명 부자라고. 식인 상어, 날카로운 이빨, 바다의 사냥개, 하얀 죽음의 상어. 너도 한번 지어 봐.

창끝처럼 예리한 이빨

범고래의 커다란 턱에는 이빨이 50개 정도 나 있어. 이빨 하나는 길이가 최대 10센티미터 정도 된단다.

여기까지가 잇몸

범고래 이빨의 실제 크기

핵심 정보
범고래는 어느 정도 자라면 새끼 때의 이빨이 빠지고 새로운 이빨이 나. 그런데 새로 난 이빨이 빠지면 다시 나지 않지.

범고래의 이빨은 이렇게 생겼어!

톱니처럼 거친 이빨

백상아리는 쩍 벌어지는 입속에 칼날처럼 날카로운 이빨이 여러 줄로 나 있어. 바로 앞에서 이 모습을 본다면 온몸이 바들바들 떨리겠지?

핵심 정보

백상아리는 이빨이 빠져도 걱정 없어. 뒷줄에 난 이빨이 빠진 자리를 채워 주고, 다시 새 이빨이 돋아나거든. 그래서 이빨이 평생 3만 개 넘게 새로 난대.

백상아리의 이빨은 이렇게 생겼어!

백상아리 이빨의 실제 크기

높게 솟아오른 등지느러미

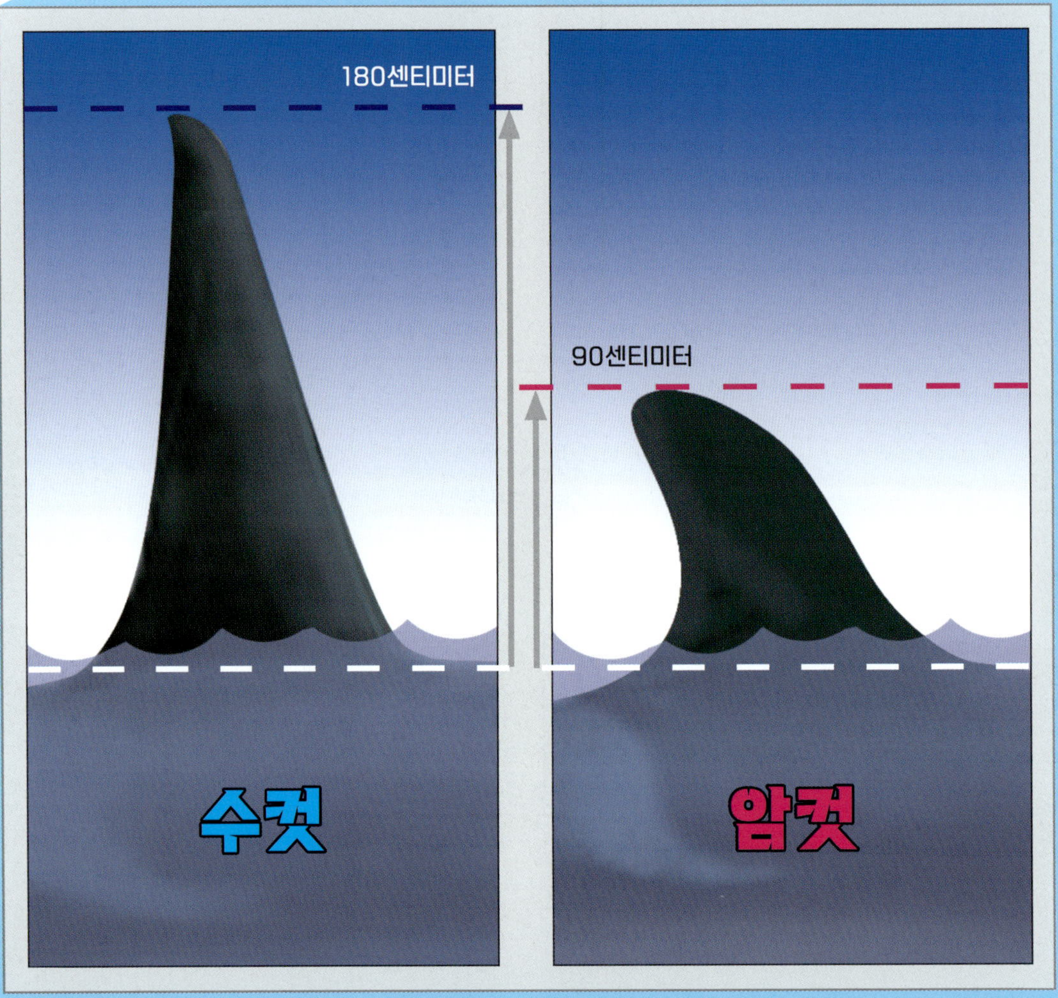

180센티미터

90센티미터

수컷

암컷

범고래의 등지느러미 좀 봐. 수컷이랑 암컷이 다르게 생겼지? 특히 수컷은 등지느러미의 길이가 최대 180센티미터나 돼. 키가 큰 남자 어른만 하겠다!

범고래는 전 세계 큰 바다에서 살아. 우리나라 동해에서도 발견된 적이 있지.

암수의 모양이 비슷한 등지느러미

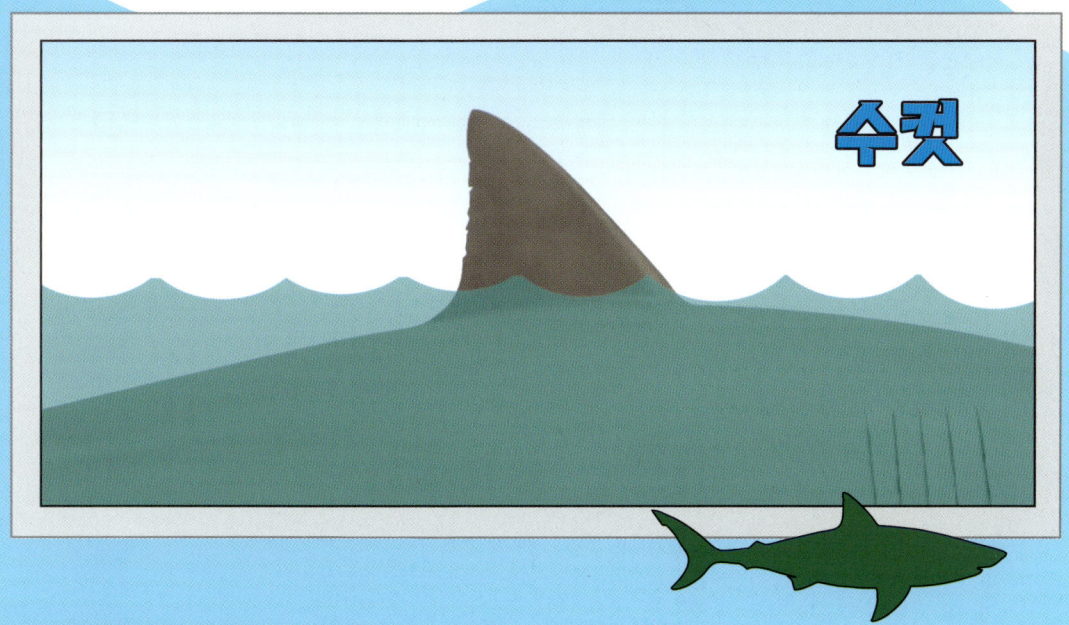

백상아리의 등지느러미 생김새는 수컷과 암컷이 비슷해.

백상아리도 범고래처럼 전 세계 큰 바다에서 산단다.

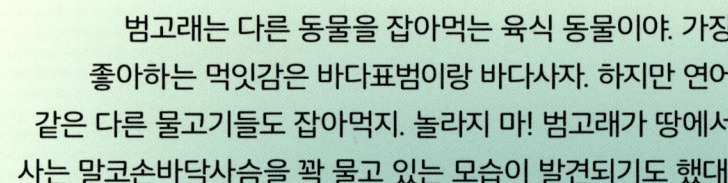

범고래는 다른 동물을 잡아먹는 육식 동물이야. 가장 좋아하는 먹잇감은 바다표범이랑 바다사자. 하지만 연어 같은 다른 물고기들도 잡아먹지. 놀라지 마! 범고래가 땅에서 사는 말코손바닥사슴을 꽉 물고 있는 모습이 발견되기도 했대.

잡히는 대로 꿀꺽!

범고래는 바다의 먹이 사슬*에서 최강자야.
범고래를 잡아먹는 동물은 없지! 후훗, 그런데 바다에서
잡아먹고 먹히는 관계는 먹이 사슬보다 먹이 그물*로 설명하는 것이 맞아.
특정한 생물을 잡아먹기보다 이것저것 잡히는 대로 잡아먹거든.

★**먹이 사슬**: 생태계에서 생물들 간에 먹고 먹히는 관계가 사슬처럼 연결되어 있는 것.
★**먹이 그물**: 먹이 사슬이 가로세로로 얽혀서 그물처럼 복잡하게 이루어져 있는 먹이 관계.

백상아리는 바다에 사는 거의 모든 생물을 먹어.
주로 가오리, 쇠돌고래, 물고기 등을 잡아먹지만 바다표범,
바다사자, 심지어 바다거북을 잡아먹기도 해.

무시무시한 최강의 포식자!

백상아리도 바다 생태계에서 먹이 그물의
위쪽에 있어. 다른 동물을 잡아먹는 바다 동물 가운데
몸집도 제일 큰 편에 속하지.

이 페이지를 빙 두른 그림을 봐. 플랑크톤은 작은 물고기에게
잡아먹혀. 작은 물고기는 큰 물고기에게 잡아먹히지.
그 큰 물고기는 자기보다 몸집이 더 큰 물고기에게….
이렇게 바다 동물들은 서로 먹고 먹히는 관계를 이루어.

범고래의 몸

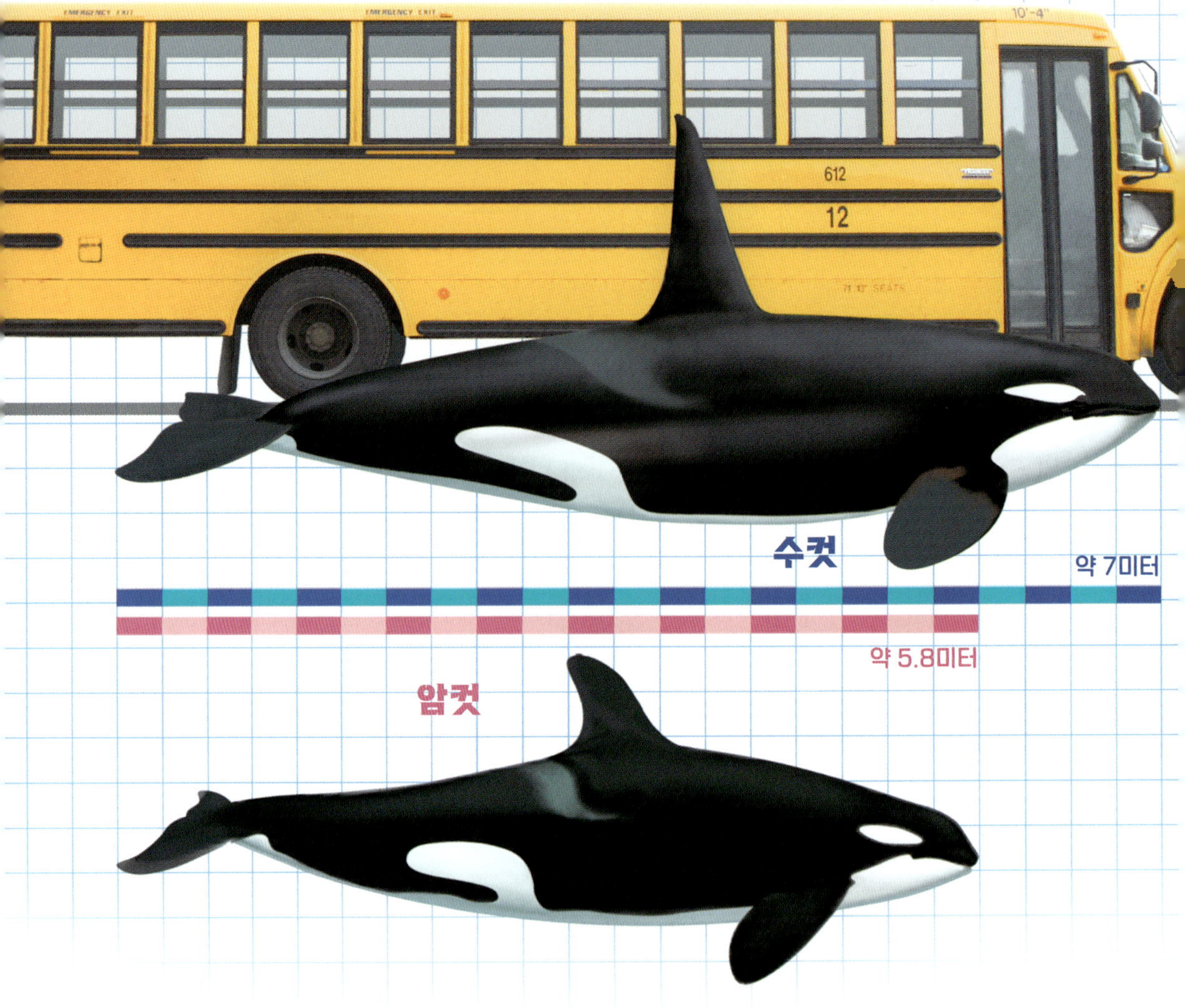

수컷
약 7미터

암컷
약 5.8미터

범고래는 수컷과 암컷의 몸집이 달라. 수컷이 암컷보다 조금 더 커. 아래 사진은 범고래 몸을 이루는 뼈야. 머리에서 꼬리까지 길게 뻗은 등뼈랑, 갈비뼈, 머리뼈도 보이지?

백상아리의 몸

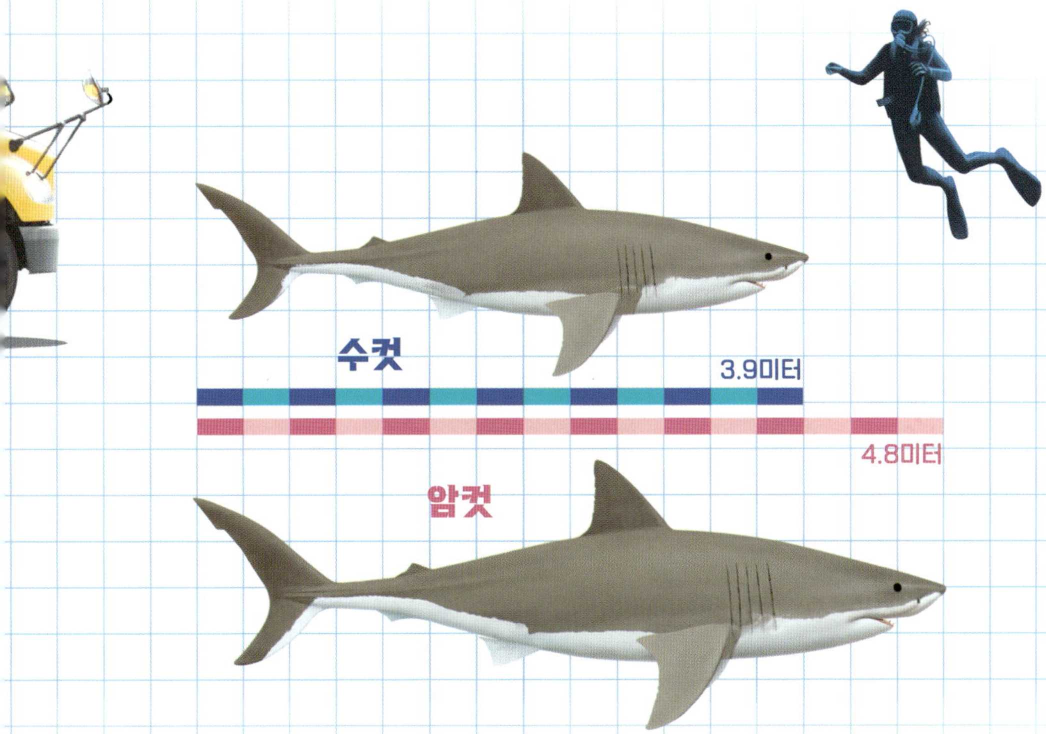

수컷 3.9미터

암컷 4.8미터

백상아리는 암컷이 수컷보다 몸집이 커. 다 자란 백상아리 암컷의 몸무게는 1000킬로그램 넘게 나가기도 해.

백상아리는 몸에 단단한 뼈가 없어. 대신 물렁한 뼈로 몸의 골격을 이루지. 네 귓바퀴를 손으로 꾹 눌러 봐. 부드럽게 접히지? 그 부분이 백상아리의 몸처럼 연골로 되어 있거든.

세상에! 턱뼈만 남았네!

로켓처럼 바다 위로 피융!

범고래는 덩치가 엄청나게 크지만 몸을 완전히 바다 위로 드러내며 뛰어오를 수 있어.

요건 몰랐지?
범고래가 물 밖으로 나오는 이유는 여러 가지야. 심심풀이나 몸에 붙은 물이*를 떼어 내려고, 또 사냥을 하려고 나오기도 하지.

★ 물이: 3~7밀리미터 크기로, 다른 동물의 피를 빨아 먹는 갑각류.

피융, 철썩! 과연 범고래와 백상아리가 싸우면 누가 이길까? 범고래일까, 백상아리일까? 글쎄, 각각의 능력을 더 파헤쳐 보자고!

총알처럼 빠르게 점프!

이럴 수가! 백상아리도 바닷물 밖으로 완전히 몸을 드러내며 뛰어오를 수 있잖아.

요건 몰랐지?

백상아리가 바다 위로 뛰어올라 바다표범이나 바다사자를 집어삼킨 사진이 찍힌 적이 있어. 사냥을 하다가 이빨이 빠지기도 하지.

슈웅, 첨벙! 범고래와 백상아리가 맞붙는다면 정말이지 막상막하의 대결이 될 것 같아. 넌 누가 이길 것 같니?

거대한 꼬리지느러미로 철썩!

범고래는 다른 고래들처럼 꼬리지느러미가 양옆으로 넓게 펼쳐져 있어.

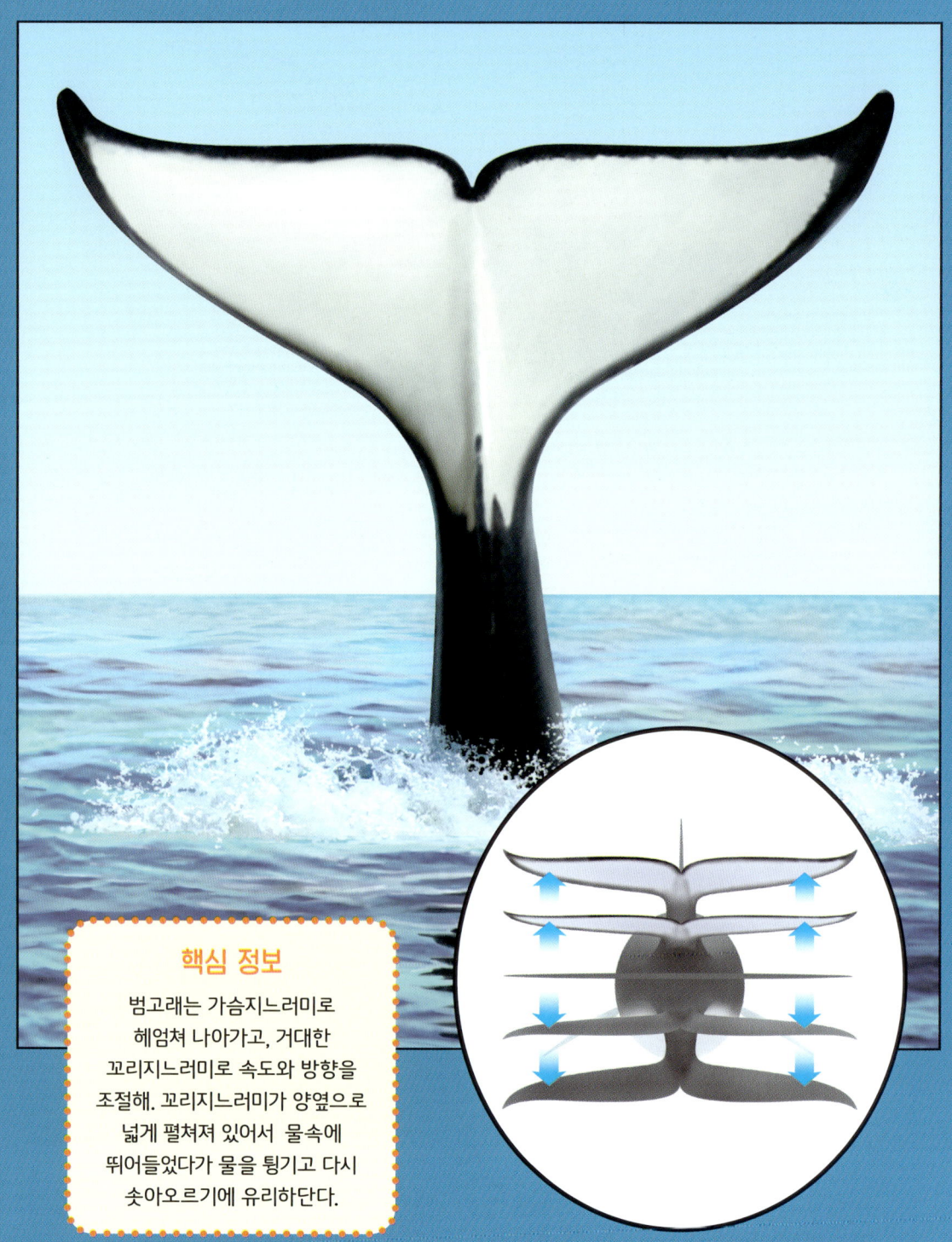

핵심 정보

범고래는 가슴지느러미로 헤엄쳐 나아가고, 거대한 꼬리지느러미로 속도와 방향을 조절해. 꼬리지느러미가 양옆으로 넓게 펼쳐져 있어서 물속에 뛰어들었다가 물을 튕기고 다시 솟아오르기에 유리하단다.

꼬리지느러미를 흔들며 돌진!

백상아리는 다른 상어류처럼 꼬리지느러미가 위아래로 뻗어 있어.

핵심 정보
백상아리를 비롯한 대부분의 물고기들은 꼬리지느러미를 좌우로 움직여 헤엄치는 속도와 방향을 조절해.

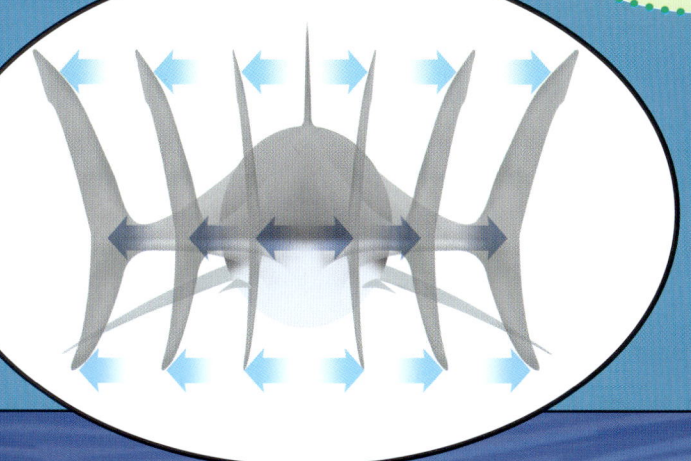

똑똑한 위치 추적 능력

범고래는 귀가 없는 대신 소리를 내보내어 물을 통해 돌아오는 진동을 느낄 수 있어.
이렇게 바닷속에서 길을 찾고, 다른 생물의 위치를 알아내지.
같은 범고래 무리가 어디에 있는지도 알 수 있어.
이 능력을 '반향정위'라고 한다는 거,
이제 다 알지?

음파 탐지기

되돌아오는 **소리**의 파동으로
물속의 **상황**이나 **장애물**을
탐지하는 장치야.
소나라고도 하며,
잠수함 등에 쓰여.

요건 몰랐지?
박쥐도 반향정위로
위치를 확인해.

범고래는 세상을 흑백으로 봐.
아마 우리가 이렇게 보일걸!

킁킁, 수상한 냄새 포착!

핵심 정보
상어는 수 킬로미터 밖에서도 피 냄새를 맡을 수 있다고!

백상아리는 네 몸 곳곳에 흐르는 전기 신호를 느낄 수 있어. 바로 이렇게!

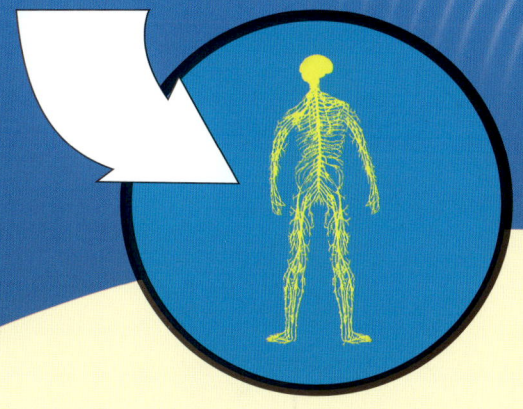

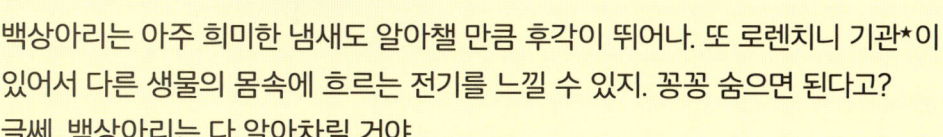

백상아리는 아주 희미한 냄새도 알아챌 만큼 후각이 뛰어나. 또 로렌치니 기관*이 있어서 다른 생물의 몸속에 흐르는 전기를 느낄 수 있지. 꽁꽁 숨으면 된다고? 글쎄, 백상아리는 다 알아차릴 거야.

*로렌치니 기관: 생물의 몸에서 나오는 미세한 전류를 느끼는 기관.

무리를 지어 돌격 앞으로!

범고래들은 여럿이 무리를 지어서 생활해. 여럿이 같이 사냥하고, 먹이를 먹고, 헤엄치고, 함께 놀지. 또 서로서로 안전하게 보살핀단다.

나는야, 외로운 사냥꾼

범고래와 달리 백상아리는 혼자서 지내. 간혹 두세 마리가 힘을 합쳐 사냥하는 모습이 발견되긴 하지만 말이야. 대부분 혼자서 먹이를 홱 낚아채고, 혼자서 꿀꺽 먹어 치우지.

철썩철썩 만능 수영 선수!

범고래가 물속에서 헤엄치는 속도는 한 시간에 최대 48킬로미터 정도야. 제법 빠른 편이지. 게다가 그림처럼 꼬리지느러미를 살랑거리며 한자리에 오래 머무를 수도 있다고!

요건 몰랐지?
범고래는 피부가 보들보들 매끄러워.

최대 속도 48

천천히 헤엄치다가 순식간에 쌩!

백상아리는 아가미로 호흡해. 그래서 계속 헤엄치며 바닷물을 삼키고, 아가미로 걸러야 하지. 백상아리는 시속 3.2킬로미터로 헤엄치다가 순식간에 시속 32킬로미터까지 속도를 높일 수 있다고!

요건 몰랐지?
백상아리는 피부가 사포처럼 거칠거칠해. 피부가 방패비늘로 이루어져 있는데, 끝이 뾰족하고 단단해. 방패비늘은 이빨과 비슷한 성분이란다.

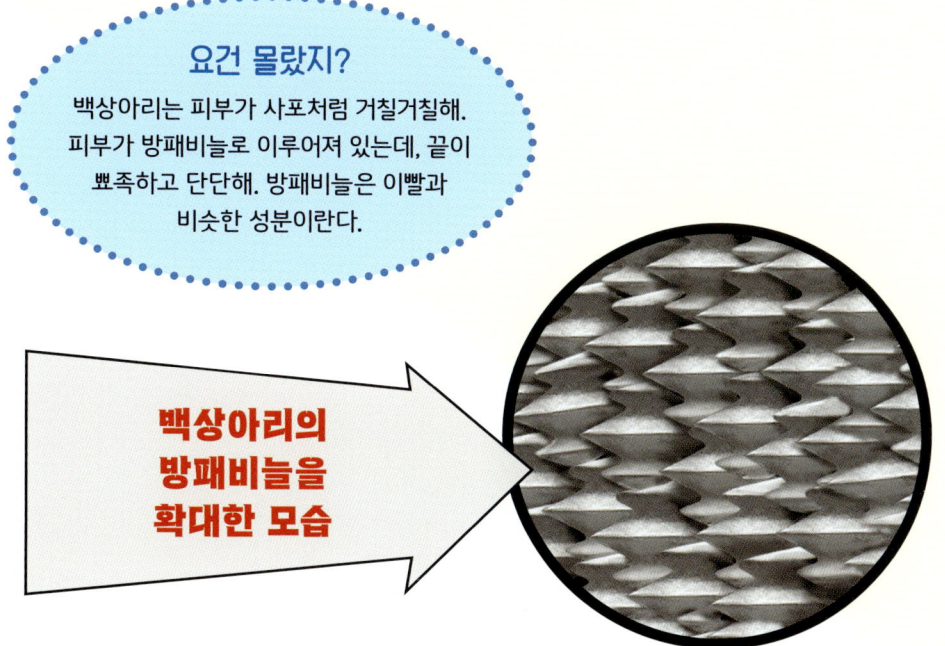

백상아리의 방패비늘을 확대한 모습

크고 복잡하게 주름진 뇌

범고래 뇌

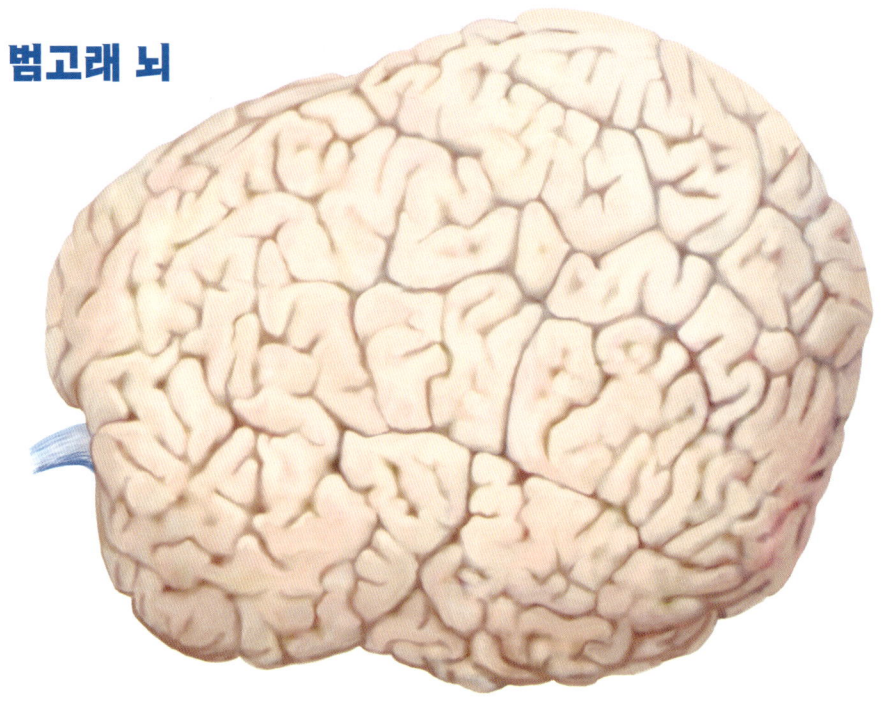

범고래의 뇌는 사람과 비슷하게 생겼어. 그런데 크기는 약 세 배나 크지. 게다가 범고래는 동물 중에서 똑똑한 편에 속한다고.

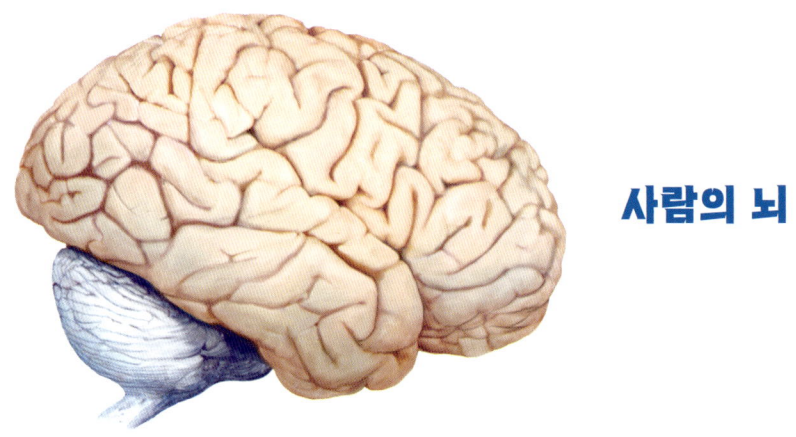

사람의 뇌

여러 조각이 이어진 뇌

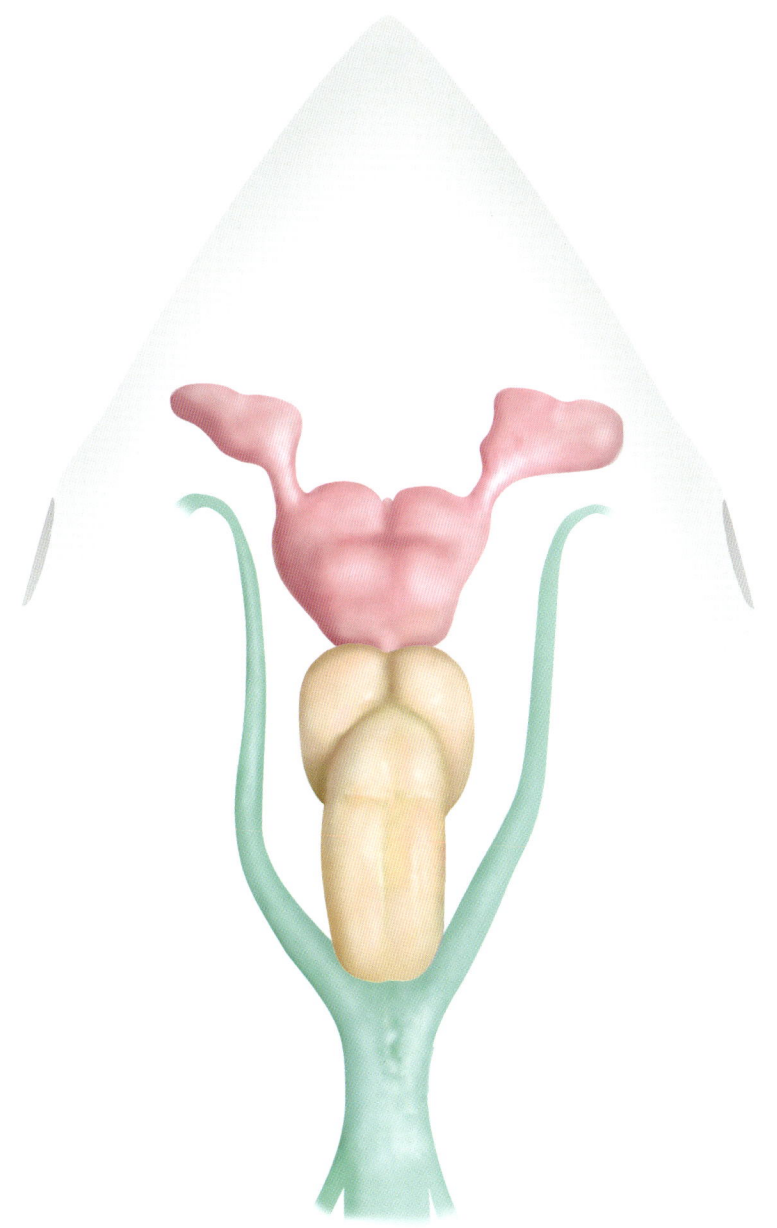

백상아리의 뇌는 사람이나 범고래의 뇌처럼 둥글지 않아. 서로 다른 여러 조각이 이어져 알파벳 'Y' 자 모양을 이루고 있지. 과학자들은 뇌의 각 부위가 제각기 다른 감각과 이어져 있다고 생각해.

영리한 묘기 선수

범고래는 사람들과 함께 살아가기도 해. 훈련을 받으면 묘기를 부릴 수도 있지.
범고래는 아쿠아리움이나 놀이공원에서 아주 인기가 많은 동물이란다.

유명한 슈퍼 스타

백상아리를 아쿠아리움에서 본 적 있어? 없을걸! 백상아리는 좁은 공간에서 오래 살지 못하거든.

누가 이길까?

상영 중

범고래 VS 백상아리

깜짝 질문
지금까지 백상아리가 등장한 영화 중 가장 인상적인 것을 꼽으라면? 단연 「죠스」가 떠오를 거야. 영화를 본 사람들은 한동안 바닷가에서 수영을 할 때 벌벌 떨어야 했대. 영화 음악도 아주 유명해. 기회가 되면 한번 들어 봐!

최강 동물 대결!

드디어 대결을 펼칠 순간이야. 범고래와 백상아리가 만나면 무슨 일이 벌어질까?

상상해 봐! 범고래와 백상아리의 몸집이 비슷하다면?
둘 다 아주아주 배가 고픈 상태라면?
둘 다 성격이 아주 포악한 놈이라면?

와아! 정말로 범고래와 백상아리가 짜잔! 마주쳤어. 둘은 서로의 존재를 금세 알아차렸지. 긴장감이 감돌고, 곧 격렬한 싸움이 시작될 것 같아. 아마도 어떻게 싸울지 공격할 준비를 하고 있겠지?

백상아리는 적의 아래쪽에서 공격하는 걸 좋아해.
반면에 범고래는 어느 방향에서든 공격할 수 있지.
시간이 흐르고, 둘은 점점 가까워졌어. 그리고 마침내….

와그작!

백상아리가 날카로운 이빨을 내밀며 범고래에게 덤벼들었어. 하지만 범고래가 조금 앞서서 백상아리의 몸통을 물어뜯었지. 하나, 둘, 셋! 셋을 세기도 전에 싸움이 끝났어. 백상아리는 범고래의 적수가 되지 않았어. 사납던 백상아리는 언제 그랬냐는 듯이 꼬리지느러미를 내리고 말았단다.

하핫! 오늘의 대결은 범고래의 승리로 끝났어.
하지만 다음에 또 범고래와 백상아리가 붙어도 범고래가 이길 수 있을까?
과연 그땐 누가 이길까?

누가 더 유리할까?

아래 체크 리스트의 각 항목을 보고, 더 강한 동물에 체크 표시(∨)해 봐!

범고래　　　　　백상아리

범고래		백상아리
☐	호흡	☐
☐	이빨	☐
☐	등지느러미	☐
☐	몸집	☐
☐	꼬리지느러미	☐
☐	감각 기관	☐
☐	무리 생활	☐
☐	수영 실력	☐
☐	지능	☐

★ 찾아보자! 호흡 44~45쪽, 이빨 46~47쪽, 등지느러미 48~49쪽, 몸집 52~53쪽, 꼬리지느러미 56~57쪽, 감각 기관 58~59쪽, 무리 생활 60~61쪽, 수영 실력 62~63쪽, 지능 64~65쪽

지은이 **제리 팔로타**

미국 매사추세츠주 페가티 비치에서 72명의 사촌들과 함께 어린 시절을 보냈다. 어른이 되어서는 30년 넘게 어린이책 작가로 활동하며, 90권 이상의 책을 썼다. 쓴 책 중에 「누가 이길까?(Who Would Win?)」 시리즈를 가장 좋아한다.

그린이 **롭 볼스터**

풍경과 사물을 매우 사실적으로 그리는 예술가이자 전문 일러스트레이터. 미국 로드아일랜드 디자인스쿨을 졸업하고 20년 넘게 일러스트레이터로 일하고 있다. 지금은 매사추세츠주 보스턴 근처에서 유화를 그리며 지낸다.

옮긴이 **김아림**

서울대학교에서 공부하고 같은 대학원 과학사 및 과학철학 협동 과정에서 석사 학위를 받았다. 출판사에서 과학책을 만들다가 지금은 책을 기획하고 번역하는 일을 하고 있다. 옮긴 책으로는 「자연 다큐 백과」 시리즈 『수리와 올빼미』, 『육식 동물』, 『돌고래』, 『내셔널지오그래픽 키즈 사이언스 2025』 등이 있다.

이메일: **thaiqool@gmail.com**

사진 저작권

Page 16: bottom: © Dirk Renckhoff / Alamy; page 20: middle: © AKG Images; bottom: © Mary Evans Picture Library; page 21: © Shutterstock; page 23: © Louise Murray / Photo Researchers, Inc.; page 28: © The Bridgeman Art Library page 46: © Skulls Unlimited; page 47: © Seapics.com; page 52: © pbpgalleries / Alamy; page 53: © geckophoto / iStockphoto; page 54: © Brandon Cole; page 55: © J. L. & Hubert M. L. Klein / Biosphoto / Peter Arnold Inc.; page 60: © Alaska Stock LLC / Alamy; page 61: © Brandon Cole

고래 vs 대왕오징어
또 하나의 대결 범고래 vs 백상아리

1판 1쇄 펴냄 - 2022년 9월 27일, 1판 3쇄 펴냄 - 2024년 11월 11일
글쓴이 제리 팔로타 그린이 롭 볼스터 옮긴이 김아림 펴낸이 박상희 편집장 전지선 편집 이정선 디자인 신현수
펴낸곳 (주)비룡소 출판등록 1994. 3. 17.(제16-849호) 주소 06027 서울시 강남구 도산대로1길 62 강남출판문화센터 4층
전화 02)515-2000 팩스 02)515-2007 홈페이지 www.bir.co.kr
제품명 어린이용 각양장 도서 제조자명 (주)비룡소 제조국명 대한민국 사용연령 3세 이상

WHO WOULD WIN? : WHALE VS GIANT SQUID
Text Copyright © 2012 by Jerry Pallotta
Illustration Copyright © 2012 by Rob Bolster

WHO WOULD WIN? : KILLER WHALE VS GREAT WHITE SHARK
Text Copyright © 2009 by Jerry Pallotta
Illustration Copyright © 2009 by Rob Bolster

All rights reserved.

Korean Translation Copyright © 2022 by BIR Publishing Co., Ltd.
This Korean translation edition is published by arrangement with Scholastic Inc.,
557 Broadway, New York, NY 10012, USA through KCC(Korea Copyright Center Inc.), Seoul.

이 책의 한국어판 저작권은 ㈜한국저작권센터(KCC)를 통해 저작권사와 독점 계약한 (주)비룡소에 있습니다.
저작권법에 의해 한국 내에서 보호를 받는 저작물이므로 무단전재와 무단복제를 금합니다.

ISBN 978-89-491-3302-7 74400 / 978-89-491-3300-3(세트)

 제리 팔로타 글 · 롭 볼스터 그림 | 김아림 외 옮김

숨 막히는 대결로 익히는 짜릿한 동물도감!

- **사자 vs 호랑이** / 재규어 vs 스컹크
- **고래 vs 대왕오징어** / 범고래 vs 백상아리
- **악어 vs 비단구렁이** / 코모도왕도마뱀 vs 킹코브라
- **티라노사우루스 렉스 vs 벨로키랍토르** / 트리케라톱스 vs 스피노사우루스
- **북극곰 vs 회색곰** / 방울뱀 vs 뱀잡이수리
- **타란툴라 vs 전갈** / 말벌 vs 쌍살벌
- **바다코끼리 vs 코끼리바다물범** / 바닷가재 vs 게
- **최강전: 정글 동물 편** / 최강전: 곤충과 거미 편
- **최강전: 바다 동물 편** / 최강전: 바다 상어 편
- **최강전: 공룡 편** / 최강전: 파충류 편